हर लफ़्ज़ में ज़िंदगी

सुकेश कादियान

ZORBA BOOKS

ZORBA BOOKS

Published by Zorba Books, August 2025
Website: www.zorbabooks.com
Email: info@zorbabooks.com
Author Name: सुकेश कादियान

Title: हर लफ़्ज़ में ज़िंदगी

Printbook ISBN: 978-93-5896-261-1
Ebook ISBN: 978-93-5896-388-5

Zorba Books Pvt. Ltd. (opc)
Sushant Arcade,
Next to Courtyard Marriot,
Sushant Lok 1, Gurgaon – 122009, India

Printed in India

विषय सूची

प्रस्तावना

गौरव शिशोदिया

जोनल मैनेजर, RAV Global Solutions Pvt. Ltd.

कविता केवल शब्दों की सजावट नहीं होती—यह आत्मा और संसार के बीच एक मौन संवाद होती है। "हर लफ़्ज़ में ज़िंदगी" में, सुकेश कादियान हमें उसी संवाद में एक अद्वितीय ईमानदारी और सुंदरता के साथ आमंत्रित करती हैं।

मैं सुकेश को एक ऐसी शख्सियत के रूप में जानता हूँ जो ईमानदारी, संतुलन और अडिग रचनात्मकता का प्रतीक हैं। उनका पेशेवर जीवन भले ही वित्त और प्रशासन की सटीक दुनिया में रचा-बसा हो, लेकिन उनकी कविताएँ किसी और ही गहराई को उजागर करती हैं—एक ऐसा आंतरिक संसार जो सुनता है, आत्मसात करता है और रोजमर्रा के अनुभवों को काव्यात्मक सच्चाइयों में बदल देता है।

यह पुस्तक केवल कविताओं का संग्रह नहीं है—यह एक यात्रा है। एक ऐसी यात्रा जो अनकहे जज़्बातों से होकर गुजरती है, उन पलों को सामने लाती है जिन्हें हम अक्सर नज़रअंदाज़ कर देते हैं, और उन विचारों को छूती है जिन्हें महसूस करने से हम कभी-कभी डरते हैं। हर पंक्ति एक धड़कन-सी लगती है, जो संवेदनशीलता और ताक़त के साथ गूंजती है।

उनकी लेखनी में एक शांत शक्ति है—मुलायम, गहराई से भरी और प्रभावशाली। उनके शब्द चिल्लाते नहीं हैं; वे ठहरते हैं। और उन्हीं ठहरे हुए शब्दों में पाठक को आत्मचिंतन और सुकून दोनों मिलेंगे।

उनके पहले कविता संग्रह की भूमिका लिखना मेरे लिए सम्मान की बात है। मुझे पूरा विश्वास है कि यह पुस्तक दिलों को छुएगी, मन को भीतर की ओर

मोड़ेगी और हमें यह याद दिलाएगी कि मौन में भी कविता होती है—और हर लफ़्ज़ में, ज़िंदगी।

– गौरव शिशोदिया
जोनल मैनेजर
RAV Global Solutions Pvt. Ltd.

01

एक अजनबी दोस्त चेन्नई

मुश्किल है रास्ता बड़ा
फिर भी चल रहे हैं।
अजनबी चेहरों के बीच
अपनों को खोज रहे हैं।
देखा नहीं था जिनको पहले कभी
उनसे दोस्ती हो गई।
दोस्त ऐसे ज़िंदादिल मिले
कि चेन्नई शहर से दोस्ती हो गई।
कुछ रिश्ते पीछे छोड़ आए
पर याद सबकी आती है।
माँ के याद करने पर
हिचकी ज़रूर आती है।

02

सरकार की नौकरी

अपनों से दूरी का दर्द यहाँ कोई नहीं समझता
इस हंसी के पीछे छिपे आँसू को कोई नहीं देखता।
घर से बेघर होने का शौक किसे होता है
हालात और मज़बूरी दर-दर भटका देती है।
छुट्टी लेकर जब घर जाते हैं
वापस जाने का ख्याल आत्मा को झंझोर देता है।
हवाई जहाज के सफर को कभी तरसते थे
वही सफर अब नीरस लगता है।
छूना चाहते थे कभी आसमान को
अब अपनी मिट्टी की खुशबू को तरसते हैं।
माँ के सामने एक पिन चुभने पर भी रो देते थे
आज दिल पर भी घाव चुपचाप सह जाते हैं।

03

भारत देश

देश आजाद हो गया
पर अब ये देश कहाँ रहा।
मजहब, क्षेत्र, राज्य, जाति
न जाने कितने नामों पर बंट गया।
कहाँ गई वह देशभक्ति जिसने आजादी की चिंगारी जलाई थी
कहाँ गया वह राष्ट्रवाद जिसने आजादी की लड़ाई जिताई थी
अपना खून देकर वीरों ने हमें आजादी दिलाई थी
उनकी कुर्बानी को भुलाकर अपने फर्ज़ से मुँह मोड़ कर
साक्षर और मानव अधिकारवादी हम खुद को बता रहे हैं
देश है तो हम हैं, यह बात क्यों भूल जाते हैं
मानव अधिकार मानव के लिए हैं
फिर से क्रांति की ज़रूरत है
भारत को देश नहीं एक राष्ट्र बनाने की ज़रूरत है।

04

प्रकृति के रंग

धरती और आकाश का मधुर मिलन दिशांत पर होता नजर आता है
सूरज की लालीमा में ये मिलन और हसीन नजर आता है
साँझ ढले या भोर खिले रोशनी में सब खूबसूरत दिखता है
चाँदनी रातों में उजाले और शीतलता का संगम हृदय को छू जाता है।
दिन में ढेरों फूल खिले उपवन की शोभा बढ़ाते हैं
रात को नन्हीं रात की रानी अकेली हवा को महकाती है
रात में देखते हैं प्यारे-प्यारे सपने
सुबह की पहली किरण के साथ
सपनों के पीछे दौड़ पड़ते हैं
कभी सपने पूरे होते हैं कभी टूट जाते हैं
ज़िंदगी के इस खेल में अक्सर जीतने वाले भी हार जाते हैं।

05

दिवाली

लेकर हाथ में दीया मिट्टी का
अँधेरा मिटाने निकली थी
मैं कितनी ना-समझ कितनी नादान थी
कहीं निराशा का अंधकार है
कहीं जुल्म का साया है
गरीबी और बेरोजगारी से इस देश का नौजवान घबराया हुआ है
ज़िंदगी जीने के लिए जिंदगी से दूर हम जा रहे हैं
वर्तमान के लिए भूत और भविष्य को दांव पर लगा रहे हैं
आओ दोस्तो! आगे बढ़े हम, इस अंधेरे को मिटाएं हम
एक नया साहस और जोश लेकर ज़िंदगी की राहों को रौशन करें हम
सबसे पहले अपने मन को रौशन करें हम
सबकी ज़िंदगी में खुशियाँ लाने की कोशिश करें हम।

06

नारी का बदलता रूप : कितना सच कितना झूठ

समाज में नर प्रधान है
नारी अबला है।
परिवार को सँभालने की शक्ति रखती है
पर निर्णय लेने की क्षमता नहीं
शिक्षित है स्वतंत्र है
फिर भी सामाजिक कुरीतियों के सामने नत-मस्तक है
मंदिर में रखी देवी की मूर्ति को पूजा जाता है
गर्भ में पल रही बच्ची को मार दिया जाता है।
सर्वगुण संपन्न होने के बावजूद
बिना दहेज के योग्य वर नहीं मिलता
अगर विवाह ना करो तो समाज में सम्मान नहीं मिलता।
मर्द के गुनाहों को भूल जाता है समाज
नारी के चरित्र पर लगा दाग क्यों नहीं साफ हो सकता?
सफलता के शिखर पर बैठी महिलाओं को मिसाल बना देती है दुनिया
एक आम औरत का बलिदान क्या किसी के काम नहीं आता?

पिता पति के नाम से पहचानी जाती है नारी
समाज क्यों इनको इनकी पहचान नहीं देता?
शक्तिहीन नहीं शक्ति दात्रि है नारी
क्यों उसको अपनी शक्ति का एहसास नहीं होता?

07

औरत

हर युग में औरत महान है
मर्द के अत्याचार से बेहाल है।
मर्द की हवस की अग्नि में चंद महीनों की बच्ची तक स्वाहा है।
जाने कहाँ जाकर रुकेगा यह जुर्म
गुनहगारों को बचाने के लिए नेता, मीडिया सब तैयार हैं।
कानून के हाथों में कानून की बेड़ी लगी हैं
तभी तो गुनहगार बेपरवाह हैं।
आश्रय गृह में भी सुरक्षित नहीं बालिकाएँ
अब ये बेसहारा बच्चियाँ कहाँ सहारा पाएँ
'सहर' हर तरफ अत्याचारों का बोलबाला है।

08

मजदूर

खून-पसीना बहाना काम है
आराम करना मुकद्दर नहीं।
हर दिन इसी चिंता में गुजरता है
कल काम मिलेगा या नहीं।
मेहनती होने के बावजूद गरीब हूँ
भिखारी नहीं, मैं मजदूर हूँ।
सुरजा जले या मेघ बरसे या पड़े कोहरा
काम करते रहना जीवन है मेरा।
खुद भूखे पेट रह कर बच्चों को खिलाता हूँ
उनकी फीस चुकाने के लिए कष्ट उठाता हूँ।
'सहर' आसमान, छत, धरती बिछौना है
गरीबी से लड़ते रहना नसीब मेरा है।

09

दोस्ती और मंज़िलें

जब निकले थे सफर पर
जल्दी से मंज़िल पाने का इरादा था
मिला जो दोस्तों का साथ
रास्ता ही मंज़िल बन गया।
कामयाबी में मजा है
पर यारों की यारी से ज्यादा कहाँ
बहके जब कदम तो सहारा देने वाला हाथ सामने पाया।
टूटकर जब बिखरने लगे तो खुद को दोस्ती के बधन से बंधा पाया।
दुनिया ने जो दिए दोस्ती ने उनको भर दिया
दिन बदले चाहे मौसम
बस ना बदले दोस्ती हमारी
ख़ुदा करे हिफाज़त हमारी।

10

बीत गया बचपन

छोटी-छोटी ऊँगलियों में बड़ी-बड़ी पेंसिल
हर गलती को रबड़ से मिटाने की आदत
जानें कहां गई अब वो मासूमियत।
अगली कक्षा की किताबों को पढ़ने में रुचि
पेंसिल के बदले पेन से लिखने की ख्वाहिश
जानें कहाँ गया अब वो कुछ कर गुजरने का जुनून।
अपनी मुस्कान से सबको बहलाने की अदा
सबकी गलतियों को भुला देने का बड़प्पन
जानें कहाँ गया अब वो बचपन।

11

तेरी यादें

कोशिश करने लगे तुम्हें भुलाने की
तुम्हारी यादों ने घेर लिया
छोड़ देना चाहते हैं तुमको
जी नहीं सकते तुम्हारे बिना ये एहसास होने लगा।
कोई तराजू नहीं जो प्यार को तौल सके
कोई मीटर नहीं जो मोहब्बत को माप सके
मेरी हर साँस में मोहब्बत का एहसास है
दिल के धड़कने में तेरी चाहत का राज है

आँखों में बसा है तेरा चेहरा
होठों पे बस है नाम तुम्हारा
चाहते हैं तुमसे दूर जाना
पर तुम्हारी ओर खिंचे चले आते हैं।
कैसे बताएं कितनी मोहब्बत है।
मोहब्बत मेरी पागलपन बन चुकी है।
हर एक लम्हा जिसमें तुम्हारी यादें हैं
कभी हंसाए हमें तो कभी तड़फाती हैं।

चाहत है या जुनून है
इबादत है या जुर्म है
कुछ भी नाम दो इसको
मेरी ज़िंदगी में सिवाय तेरे नहीं कोई और है।

12

बदलता वक्त

लिखा नहीं कभी काग़ज पर दर्द अपना
डरते थे काग़ज का सीना फट जाएगा।
लिया नहीं कभी किसी के कंधे का सहारा
डरते थे प्यार हो जाएगा।
बहाए नहीं कभी आँसू
डरते थे सैलाब आ जाएगा।
मिले नहीं कभी अपनों से
डरते थे बिछड़ने का गम सताएगा।
चाहा नहीं कभी सितारे को छूना
डरते थे सितारा टूट जाएगा।
बुरे वक्त में कभी हिम्मत नहीं हारी
भरोसा था कि ये वक्त भी गुजर जाएगा।

13

उम्मीद

बालू के ढेर पर हमने घर बनाया है
जानते हैं आँधी के झोंके से
बरसात की बूंदों से ढह जाएगा
फिर भी हमने तो इसी को अपना जहाँ बनाया है
बालू के ढेर पर हमने घऱ बनाया है।
नसीब का खेल कैसे कहूँ इसको
इस वीराने को हमने अपनी मर्जी से अपनाया है
आखों के आंसूओं को हमने होठों की मुस्कुराहट के पीछे छुपाया है
बालू के ढेर पर हमने घर बनाया है
आते-जाते मुसाफिरों को देखकर
नया सफर शुरू करने का ख्याल दिल में आया है।
छोटा सही पर स़फर हसीन होगा
क्योंकि हमने साथ तुम्हारा पाया है
बालू के ढेर पर हमने घर बनाया है।

14

जुदाई का दूसरा नाम-मिलन

पास नहीं हम
फिर भी साथ हैं।
तुम ना सही
तुम्हारी यादें तो मेरे पास हैं।
जब थे हम करीब
तब समझे नहीं
अब जाने प्यार नहीं
मेरी जान हो तुम।
फिर मिलन होगा अपना
ये उम्मीद नहीं, विश्वास है मेरा।
मेरी पायल की झंकार सुनकर
फिर मन मचलेगा तुम्हारा।
आखों से आँखें फिर मिलेंगी
शर्मो-हया की दीवारें तोड़ कर
बाहों में तुमको समेट लूंगी
जाने नहीं दूँगी तुमको हाथ छुड़ाकर।

15

मूर्खों की दोस्ती

मूर्खों की दोस्ती दुश्मनी से भी बदतर है
मूर्खों के साथ चलने से अकेले चलना बेहतर है।
किसी की खातिर खुद को मत बदलो
आप जैसे हैं वैसे ही अद्भुत हैं।
दूसरों की खुशी में खुश रहना जोखिम भरा है
अपने ग़म से सुलह कर लेना समझदारी है।
अपनी खुशियों की चाबी किसी दूसरे की जेब में रखना छोड़ दो
ये आदत सबसे खतरनाक है।
अकेले आए थे दुनिया में अकेले जाओगे
'सहर' तन्हाई से भागते रहना पागलपन है।

16

यात्रा

अपने लक्ष्य की खोज में निकल
अकेला निडर हो कर निकल।
बाधाएँ लाख आएँगी
पैरों को पीछे धकेलेंगी।
तू आगे बढ़ते रहना
पीछे मुड़कर मत देखना
मंज़िल ज़रूर नजर आएगी।
मन रूपी आकाश पर निराशा के बादल छाएंगे
तू सूरज की किरण बनकर रोशनी करते चलना।
शीतल छाँव देखकर विश्राम मत करना
काँटों के डर से पथ मत बदलना।
पथिक है तू, धर्म है तेरा चलना
धर्म है तेरा चलना।

17

मोहब्बत

चोट खाकर आह! तक नहीं करते
हम इश्क के मरीज हैं जनाब
आशिक को सरेआम रुसवा नहीं करते।
दिल के ज़ख्मों का ज़िक्र नहीं करते
मोहब्बत के कुछ उसूल होते हैं
उन्हें तोड़ा नहीं करते।
ख़ुदा ने इंसान को बनाया
सीने में दिल दिया
कुछ दिल पत्थर के होते हैं
उनमें फूल जज़्बातों के खिला नहीं करते।
जाने वाले ने किया बड़ा इंतज़ार
कोई रोकेगा उसको देकर आवाज़
पीछे मुड़कर देखने वालों को मंज़िल मिला नहीं करती।
जो रूह में समाया हुआ है
चंद कदमों की जुदाई
उनको अलग किया नहीं करती।

18

दिसंबर

जनवरी का ग़म नवंबर आते-आते
भूल गए थे हम।
ये दिसंबर जो आया
हर ग़म याद दिला रहा है।
साल भर जो बिछुड़े थे हमसे
उनकी याद दिला रहा है।
रूह में जो छुपा लिए थे हमने
उन अश्कों को सरेआम छलका रहा है।

19

नया साल

नए साल में क्या नया है?
वही चेहरे, वही रास्ते
कुछ भी तो नहीं बदला है
फिर भी लोग कहते हैं नया साल आ गया है।
आसमान में वही चांद-सितारे
धरती पर वही झील-नाले
फिर भी लोग कहते हैं नया साल आ गया है।
कैलेंडर बदले जाने की खुशी बड़ी है
दिलों में हौसला बड़ा है
नया कर गुजरने की चाह बड़ी है
'सहर' तभी लोग कहते हैं नया साल आ गया है।

20

यादों की गलियाँ

आज हम फिर उस गली से जब गुजरे
तुम्हारे साथ गुजारे हुए लम्हें आवाज़ लगाने लगे।
जहाँ कभी हम साथ घूमा करते थे
आज वहाँ तन्हाई के साये मिले।
गूंजती थी हंसी जहां कभी
वहाँ खामोशी के दरिया बहते रहे।
बीत गया एक दौर उन बातों का
आज फिर वो दौर आँखों के सामने से गुजरा।

21

अफसाने प्यार के

गुजर जाती यूँ ही ज़िंदगी अफसानों में
तुमसा अगर दिलदार नहीं होता
वक़्त जो गुजारा नहीं होता तन्हाई में
मोहब्बत का इस दिल में आगाज नहीं होता।
कभी जो पल जिया था करीब से
अब वो ख्वाब सुंदर बन गया
देखते-देखते कब एक शख़्स
मोहब्बत का देवता बन गया।
कहने वाले कुछ भी कहें
सच तो ये है कि
प्यार में व्यापार नहीं होता।

22

ऑनलाइन ज़िंदगी

दिन निकल जाता है कंप्यूटर चलाने में
बहुत जोर पड़ता है पेन चलाने में।
अंग्रेजी में काम करते हैं सारे
हिन्दी की चार पंक्तियाँ लिखने में जोर पड़ जाए।
गली-कूचे में सन्नाटा छाया है
बच्चों का बचपन फोन में सिमट गया है।
फूलों की खुशबू व्यर्थ जाती है
इंसान पत्थर की इमारतों में घुट कर रहते हैं।
उगते सूरज की लालिमा बिखरती
कौन देख पाता है अब प्रकृति की खूबसूरती।

23

26 जनवरी

26 जनवरी पास है
देशभक्ति दिल्ली की हवाओं में विद्यमान है
सड़कें बंद करके परेड की तैयारी चल रही है।
सैनिक, युद्ध-पोत, अस्त्र-शस्त्र के साथ-साथ
भारतीय कला और संस्कृति विश्व के समक्ष प्रस्तुत हैं
उम्र की फिक्र छोड़ महामहिम राष्ट्रपति
सेना को प्रोत्साहित करने के लिए तत्पर हैं
जनता सब आराम कुर्सी पर बैठी है
वायु सेना आकाश में कलाबाजी दिखा रही है
राष्ट्रपति का सलामी लेना कोई अंग्रेजी परंपरा का हिस्सा नहीं
देश की जनता का सेना के प्रति आदर, विश्वास और प्रेम है।

24

उस बच्चे की ज़िद

सपने के रहस्य मानव के विवेक से परे हैं
उलझन ही जीवन की या फिर आत्म-ज्ञान की
सपनों में सब कुछ समा जाता है
जहाँ तक सूरज की किरण ना पहुँचे
वहाँ सपना पहुँच जाता है।

मैंने देखा आज रात कुछ ऐसा ही सपना
एक बूढ़ी औरत और एक छोटा बच्चा
मिट्टी का खिलौना बनाने की ज़िद वह बच्चा करता है
उसकी बूढ़ी नानी उसको डांटकर चुप करने की कोशिश करती है।

आकर लिपट जाता है मुझसे
नानी से बचने के लिए
मेरे समझाने पर भी अपनी ज़िद पर अड़ा रहता है
मुझसे खिलौना बनाने की ज़िद करता है।
मेरी बात पर उसको विश्वास नहीं

वह मर्मस्पर्शी सपना मेरी आँखों में ठहर गया है
वह भावनाएं ममता की दिल में ज़िंदा हैं
उस बच्चे की ज़िद एक एहसास खुद को पाने का
अपनी मासूमियत को बनाए रखने का।

25

मतलब की दुनिया में सच्चा प्यार कहाँ मिलता है

रूठे हुए को मनाने वाला अब कहाँ मिलता है।
शिकायत करते रहते हैं हम
शिकायत सुनने वाला कहाँ मिलता है।
जरा-सी नाराजगी होने पर मुँह फेर लेते हैं लोग
हर कदम साथ निभाने वाला कहाँ मिलता है।
एक गलती पर रिश्ते टूट जाते हैं
गलतियों को माफ करने वाला कहाँ मिलता है।
दिल घबराता है तन्हाई में
उम्रभर का साथी कहाँ मिलता है।
मुस्कुरा लेते हैं अपने जख्मों पर
मुस्कुराने का बहाना कहाँ मिलता है।
लिखे हजारों ख़त तुमको
तुम तक पहुंचा दे जो
ऐसा कासिद कहाँ मिलता है।

26

आत्म-बोध

गुजरा वक्त लौट कर नहीं आता है
पर इतिहास खुद को दोहराता है।
साल बदला, कलैंडर बदला
जब देखा खुद को
पाया कि मेरा व्यक्तित्व बदला
नये लोगों और नये शहर ने बहुत कुछ सिखाया।
जिसको कहती थी मैं चोट उसने मुझको मज़बूत बनाया
हर अनुभव ने मुझको बुद्धिमान बनाया
हर कोई ज़िंदगी में अहम नहीं होता
कुछ लोगों का चले जाना अच्छा होता है
कुछ राहों-मंज़िलों का खो जाना अच्छा होता है।
गिरते उठते खुद को संभालना सीख गई
तन्हाई में रहते- रहते डरना भूल गई।
हर चाहत यूँ ही पूरी नहीं होती
हौसला अगर हो मन में कोई डगर मुश्किल नहीं होती।

27

शिकायत

तुमको शिकायत रहती है
बहुत शिकायत करती हूँ
शिकायत नहीं प्यार है वो
ये बात तुमको समझा नहीं पाती हूँ।

करना शुक्र रब का
तुमसे शिकायत करने कोई बनाया है
तुम्हारे आने की राह देखने वाला कोई यहाँ आया है।

हँसना, रोना, रूठना, मनाना
ये सब रंग हैं मोहब्बत के
शुक्र मनाओ रब का
तुमको इन रंगों से नवाजा है।

धरती से उस आसमान तक
तेरी मेरी मोहब्बत का रंग छाया है।
दूरी बहुत है तेरी-मेरी दुनिया में
पर दिलों में कोई फ़ासला नहीं आया है।

शायरी

समझाते रहे हम
कभी अपने दिल को
तो कभी अपने दिलबर को
दिलबर कभी नहीं समझा मेरे दिल को।

लोग बहुत हैं दुनिया में
पर हर कोई अपना नहीं।
तैयार बैठे हैं कुछ लोग खेलने को
पर मेरा दिल कोई खिलौना नहीं।

जिसको देखो, वही प्यार-मोहब्बत की बातें कर रहा है
फिर क्यों इस दुनिया में नफरत का तूफान चल रहा है।

ज़िंदगी एक नशा है इसको कभी उतरने ना देना
मौत आ भी जाए तो क्या है तारिखों में जिंदा रहना।

घर जाने की खुशी
वापस आने का गम
दीवाली के दीये होली का रंग
कुछ पल के लिए ही सही
खुश हैं सब।

जब तुम होते हो दूर
पास आने की कशिश होती है
जब मिलते हैं हम
धड़कन तेज होने लगती हैं
प्यार दिखाई देने वाली चीज नहीं
ये तो बस एक अहसास है
महसूस करो इसको।

एक पल की मोहब्बत एक पल की खुशीब्बत
काश! इस एक पल में गुजर जाए ज़िंदगी।

नकाब लगाकर शराफत का
बेशर्मी का नाच, नाच रहे हैं
अपनी बीवी संभलती नहीं
पराई नार को ताक रहे हैं।

दूसरों के इम्तिहान लेना छोड़ो
खुद पर यकीन करना सीखो।
चेहरे से झूठ का मुखौटा हटाओ
सच्चाई की ज़िंदगी जीना सीखो।

हर आदमी बिकने के लिए तैयार बैठा है
किसी को खरीदार मिल गए कोई इतंजार में बैठा है।
कब तक खुद ही खुद पर इल्जाम लेती रहूँ
हर कोई मुझको गुनहगार साबित करने को तैयार बैठा है।

मौसम से पहले इंसान बदल जाता है
भरोसा करने वाला धोखा खाता है।

कुछ रहम मुझ पर कर लेते
कभी मुड़कर इधर देख लेते
अपनों पर भरोसा करके धोखा खाया
कभी बे-गानों पर ही एतबार करके देख लेते।

जो सामने नहीं आते
उनसे ख्वाब में मिल लेते हैं।
जब अपने पास ना हों तो
गैरों को गले लगा लेते हैं।

चाय के प्याले के साथ
कुछ प्यार भरी बातें हो जाएं
जिससे दिल की हर बात कर सकें
कहीं एक ऐसा दोस्त मिल जाए।

खामोशी की ज़ुबां समझा करो
तन्हाई में हमको याद किया करो।
कितने भी हों गिले-शिकवे
दिल में थोड़ा-सा प्यार रखा करो।

मैं धरती, तुम आकाश हो
मेरी पहुंच से कितने दूर हो
मिलन नहीं होगा ये मालूम है
फिर भी तेरा मुझको इंतज़ार है।

अपनी लड़ाई खुद लड़नी पड़ती है
सच को हमेशा परीक्षा देनी पड़ती है।

स्वार्थी लोग प्यार और बलिदान की कीमत क्या जानेंगे
मर चुका जिनका जमीर वो दूसरों का क्या इसाक करेंगे?

गुनेहगार अपने गुनाहों से डरता है
पकड़ा जाए तो इल्जाम दूसरों पर लगाता है।

इंसान की फितरत भी अजीब है
जिस माँ ने दूध पिलाया, उसी को लात मारता है।

अपनों से दगा करने वाले
गैरों से क्या वफा करेंगे।
अपने गुनाहों पे पर्दा डालने के लिए
ना जानें कितनों को गुनेहगार साबित करेंगे!

झूठ बोलना मुझे आता नहीं
दिखावा करने का मुझे शौक नहीं।
सत्य-पथ पर मुझको झुकाने की
किसी में यहाँ ताकत नहीं।

इस बे-रंग जिंदगी को रंगीन बना दो
हमको भी मोहब्बत करना सिखा दो।
छोड़ कर ये गिले-शिकवे
कुछ प्यार भरी बातें करें
एक दूजे के बिना रह नहीं सकते
इस बात का इकरार करें।

उधार की साँसें हैं, चोरी की खुशियाँ।
अगर मालिक (भगवान) ने माँग लिया
पड़ जाएगा वापस करना।

सर्दी का मौसम बारिश में खूबसूरत हो जाता है
दिल झूम उठता है जब प्यार का बादल आता है।

खोली जो पुरानी डायरी
कुछ पुराने राज निकले।
कुछ सपने निकले
कुछ नग़में निकले।

एक घड़ी इंतज़ार की कितनी लंबी हो जाती है
अपनों के बिना ज़िंदगी वीरान हो जाती है।

मासूम चेहरों पर उदासी के बादल
कहीं गरीबी कहीं भुखमरी के भंवर।

दिन में रात दिखा देते हो
असंभव को संभव कर दिखाते हो।
आँधी के साथ बारिश की बौछारें
धूल के साथ आई ठंडी हवाएँ।

आज देखा काम-काज की दुनिया से बाहर निकल कर
थोड़ा सुकून आया उदास दिल को।

रास्ता वही है मंजिल बदल गई
कुछ भूली यादें ताजा हो गई।

हमको पसंद है तुम्हारी नादानी
पर अब तुम नादान कहाँ रहे
पास होकर भी दूर कितने चले गए।

सागर को पार कर
साहिल पर आ गए।
घूम कर दुनिया
अपनों के बीच आ गए।

पहले तुम बोलो या हम
इसी कश्मकश बोले में डूबे हैं।
साहिल के पास खड़े होकर
सागर से डरते हैं।

अपनों के बिना जन्नत में भी चैन नहीं
वक्त से जीतने की ताकत किसी में नहीं।

मिज़ाज में नर्मी
जेब में गर्मी बनाकर रखिए
हवा बहुत तेज़ है बाहर
जानें कब रिश्ते बिखर जाएं
हर रिश्ते को संभाल कर रखिए।

हसीन बहुत है साथ तुम्हारा
हर नजारा खुशनुमा लगता है
जरा संभल कर चलो
कहीं भी साथ छूट सकता है।

आँसुओं को पानी मत समझो
यह तो खून है किसी रिश्ते का
जो आखों के रास्ते निकल रहा है
इनको देने वाला कोई अपना है
जो खुद भी किसी कोने में छिपकर रो रहा है।

रंग-बिरंगे नजारे बिखरे हैं
बागों में फूल नए खिले हैं
खुशबू आ रही है मिट्टी से
बरखा जादू बिखेर रही है।

चेहरे अजनबी, किरदार अंजान हो गए
अपनों की महफिल में हम तन्हा हो गए।

मोहब्बत करना सीखो माँ से
बिना देखे ही बच्चे को
चाहने लगती है जी-जान से।

हवा के एक झोंके से
धूल की तकदीर बदल जाती है।
जमीन से उठ कर
आकाश चूमने लगती है।

बड़ी शिद्दत से छुपाया सीने में दिल की बातों को
फिर भी आंखों में तेरा चेहरा नजर आ गया सबको।
तुमसे जुदा होकर हमने क्या गंवाया है
ये तुम नहीं समझ सकते।
चारों तरफ यादें फैली हैं तुम्हारी
हर तरफ तुम्हारा साया है।
जब गुजरती हूँ उन राहों से
जहाँ हमने साथ निभाने की कसमें खाई थीं
याद आती है हर एक वो बात जो तुमने मुझसे कही थी।
सर्दी के दिन हो या गर्मी की रातें
भूली नहीं मैं कुछ भी!
तुम्हारे साथ बिताये हरेक पल की यादें ताजा हैं
दिल पर पत्थर की लकीर है याद
दिल में रहने वालों की यादें जाया नहीं करती।

कागज को काम में ले लेते हैं
टूटे सपनों को गजल में पिरो लेते हैं।
भूल गए जो हमको
उनको भी हम याद कर लेते हैं
अपनी तन्हाई को अपना साथी बना लेते हैं।
आ जाते हैं जब आँसू आँखों में
मोती समझकर दामन में समेट लेते हैं।
खो जाती हैं मंजिलें जब कभी
राहें नई तलाश लेते हैं।

कब तक लिखूं मौसम का मिजाज
कब तक करूँ तेरा इंतजार।
तन्हा दिन तो कट जाते हैं
तन्हा कैसे होगा जीवन पार।

साजिशें बहुत हुई हमको दूर करने की
धड़कन को दिल से अलग करने की।
कैसे होते हम अलग
जीवन भर का है अपना संग।
जिंदगी की आखिरी सांस तक
सिर्फ तुम्हारी बनकर रहूंगी
टूट जाए डोर सासो की
ये प्यार की डोर ना टूटने दूँगी।

यादों के शहर में खुशी नहीं मिलती
बीती तारीख वापस नहीं आती।
नजरअंदाज करते निकले लोगों को
हर किसी से अपनी तबियत नहीं मिलती।
गुरुर किसी बात का नहीं
किसी से बोल किसी से चाल नहीं मिलती।
लुटा दिया अपना सब कुछ
देने में जो खुशी वो लेने में नहीं मिलती।
आसमान बिना जमीन का वजूद नहीं
फिर धरती आसमान से क्यों नहीं मिलती?

जुबान पर शहद
दिल में जहर रखते हैं।
इस शहर में लोग
पीठ में खंजर घोंपते चलते हैं
इंसानों की बिक्री बंद हो गई
जमीर बिकते नज़र आते हैं।
कीमत दो कौड़ी की नहीं रही सच्चाई की
झूठ का कारोबार करोड़ो कमाता है।

एक आज़ाद पंछी बन जाऊं
आसमानों की उड़ान भरूं
किसी शजर की शाखभर पर
एक घोंसला बनाऊँ
स्वार्थी दुनिया से
कोसों दूर चली जाऊँ।

प्यार एक बंधन में बाँधता है
नफरत बंधनों को तोड़ती है
प्यार को नफरत में मत बदल
इस नाजुक बंधन को आजमाने की
गलती मत कर।

आसमान रोता है
धरती की प्यास बुझाता है
अपना ग़म भूलकर
दूसरों को शीतलता देता है।
इस बिन मौसम की बारिश में कितना दर्द बरसता है।

तेरे झूठ को नजर अंदाज बहुत किया
तुम पर एतबार बहुत किया।
गुजर गई हर हद दर्द की
अब फैसले का वक्त आ गया।

अमीर करें तो शौक
गरीब करें तो ऐब
सिक्कों की चमक से नजरिये बदल जाते हैं।

तुमने मुँह फेर लिया, कोई बात नहीं
ज़िंदगी की भीड़ में खोजोगे कभी।

आसमां का सफर सुहाना सही
घोंसला तो जमीं पर ही बनता है
किस बात का गुरूर कर रहे हो
आखिर में सब मिट्टी में मिल जाते हैं।

जिनको मिले हैं पंख
उनको उड़ने से डर नहीं लगता
जी ले जी भर के
बार-बार ये मौका नहीं मिलता।

कितनी बार मरे हम
कभी अपनों के कभी गैरों के हाथों
आज ज़िंदा हुए हम
अपने ही हाथों।

मुश्किलों ने जीने का करीना सिखा दिया
सबका असली चेहरा दिखा दिया।

कब तक डरते रहोगे
आवाज उठाओ हक के लिए
छोड़ो चापलूसी
लड़ो सच के लिए।

राजतंत्र हो या लोकतंत्र
आवाम के हालात नहीं बदलते
मेहनतकश लोग ठोकर खाएं
बेईमान खोलें विदेशों में खाते।

मंजिल पाने की जल्दबाजी में
सफर का आनंद लेना भूल जाते हैं
ख्वाहिशों को दबाते-दबाते
खुद को मार देते हैं।

तूफान भी नहीं बुझा सकें वो चिराग हैं हम
जेब से फकीर सही, पर दिल से बादशाह हैं हम।

छोड़कर इन फाइलों को
जरा बाहर निकल कर देखो
सावन की इस बारिश में
मेरे साथ भीग कर देखो।

रफ़ता-रफ़ता जिंदगी में वो आए इस तरह
तपती गर्मी में छाए बादल जिस तरह
झूम उठे उनको देख कर हम इस तरह
बारिश में मोर नाचे जिस तरह।

वो हसीं यादें अभी जिंदा हैं
मैं तुझमें, तू मुझमें ज़िंदा है
गुजरे हुए पल वापस आ जाएं
इसी उम्मीद के सहारे हम जिंदा हैं।

वक्त के तकाजों से हम यूँ निकलते गए
बालू रेत की तरह लम्हे हाथ से फिसलते गए
साथ चलने वाला कोई नहीं मिला
ज़िंदगी भर अकेले चलते चले गए।

ज़ख्म भर गया है पर दर्द बाकी है
भूल चुके सब सितम तेरे पर मीठी यादें भुलाना बाकी है।

फूल ये तुम्हारी पसंद का, तुम्हारे हिस्से ना आ सका
गुलशन में जाकर देखो, चमन फिर से खिल उठा।

नसीब से मिलता है दिल से चाहने वाला
बारिश में याद आता तेरा मुस्कुराना।

अधूरी कहानी बताता है आईना
सूरत तो दिखा देता है आईना
पर सीरत छुपा जाता है आईना।

सज़ा मिली हमेशा सच बोलने की
हिम्मत नहीं हुई फिर भी झूठ बोलने की।

तेरी मुस्कान पर दिल हार दिया
तेरे इंतजार में वक्त थम गया।

कुछ तो बात है
यूँ ही मन उदास नहीं होता
कैसे समझाएं खुद को
साथ बैठा हर शख़्स दोस्त नहीं होता।

बहार का मौसम ख़िज़ाँ लगता है
हिज्र का एक पल सदियाँ लगता है।

भलाई करो सबकी शांति मिलेगी
इसी तरह इंसानियत जिंदा रहेगी।

अधूरे सपनों को पूरा करने का वक्त आ गया
खामोशी को आवाज बनाने का मौका आ गया।

कितनी कीमती है मुस्कान
बिन इसके मुर्झाया फूल है इंसान।

मुस्कुराना आदत है हमारी
इसे मोहब्बत ना समझ लेना
रूठ जाना तासीर है हमारी
इसे नाराजगी ना समझ लेना।

जज्बातों के भँवर में उलझे जा रहे हैं
कैसे मिलेगा सुकून अपने ग़ैर होते जा रहे हैं।